FRANCESCO PRIMERANO

HO VISTO

I BEATLES VOLARE

YESTERDAY TODAY

EMOZIONI DA VIVERE

Youcanprint *Self - Publishing*

Titolo | Ho visto i beatles volare
Autore | Francesco Primerano
Immagine di copertina a cura dell'Autore
ISBN | 978-88-91101-33-4

© Tutti i diritti riservati all'Autore
Nessuna parte di questo libro può essere riprodotta senza il preventivo assenso dell'Autore.

Youcanprint *Self-Publishing*
Via Roma, 73 - 73039 Tricase (LE) – Italy
www.youcanprint.it
info@youcanprint.it
Facebook: facebook.com/youcanprint.it
Twitter: twitter.com/youcanprintit

Alla Signora Arte nelle sue migliori forme ed espressioni..

Alla poesia nel suo splendore

Alla mia sincera e generosa anima

Alla splendida Marilyn Monroe(a 50 anni dalla sua scomparsa)

Ai Beatles(a 50 anni dal loro grande esordio)

Ai grandi simboli che hanno lasciato un grande segno nella mia esistenza….

Quando avevo 5 anni, mia madre mi ripeteva sempre che la felicità è la chiave della vita. Quando andai a scuola, mi domandarono come volessi essere da grande. Io scrissi "felice". Mi dissero che non avevo capito il compito, e io dissi loro che non avevano capito la vita.

–John Lennon

PRESENTAZIONE

Correva l'anno 1962, quando ci lasciava un grande simbolo del Cinema Hollywoodiano, la splendida Marilyn Monroe, in circostanze non del tutto chiare e nasceva un altro mito, quello dei **Beatles.**

Il 5 ottobre del 62'veniva pubblicato il loro primissimo 45 giri "Love me do".

Nella primavera del 63'(esattamente 50 anni fa) usciva il loro primo e attesissimo Lp "Please Please me" e da allora in poi li abbiamo visti volare molto in alto.

*Questo volumetto si vuole presentare semplicemente come un'interessante raccolta di schegge di vita, di poetici ed innocenti pensieri, di invitanti aforismi, accompagnati da intriganti immagini che hanno rappresentato in pieno il mondo dell'Arte nelle sue migliori espressioni,dal Signor Cinema alla Dea Musica, da Marilyn Monroe ai **Beatles**, da John Lennon a Freddie Mercury, dai Pink Floyd a Mina, dalle bellezze naturali alla meravigliosa Roma, da artisti di grande spessore a quelli di minor rilievo.*

(F.Primerano)

*Un libro sui **Beatles** dai colori piu'svariati, dalle forme e dai contenuti piu' invitanti, si apre, si legge, si scruta, si ama e poi si chiude con la speranza e il desiderio di rileggerlo nuovamente con la stessa passione che si era presentata inizialmente.*

(F.Primerano)

Il manuale in questione si vuole suddividere in 4 invitanti capitoli:

1)YESTERDAY…LA MENTE TORNA

2)TODAY…TRACCE DI ME TRA I GRANDI SIMBOLI

3)LET IT BE…LE CILIEGIE DELLA NOSTRA VITA

4)COME TOGETHER…EMOZIONI DA VIVERE

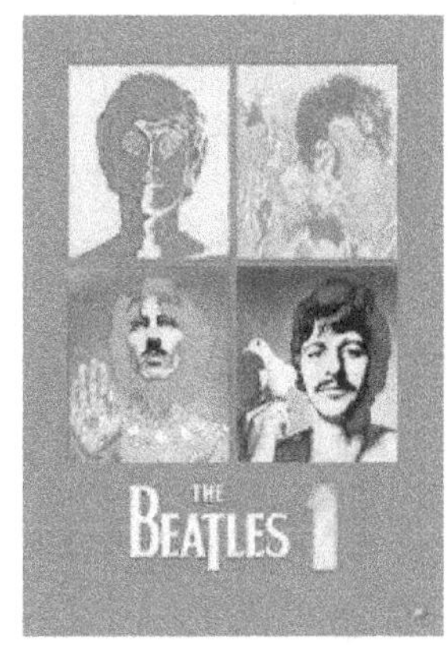

PRIMO CAPITOLO

YESTERDAY.. LA MENTE TORNA

♪ 𝄞 Si è scritto praticamente di tutto sui mitici Beatles, ma molto probabilmente non si era ancora parlato del fatto che mentre un mito nasceva, l'altro spariva per sempre dalle scene cinematografiche.

I **Beatles** e Marilyn Monroe non sono altro che dei simboli che hanno condito in maniera completamente differente ed impeccabile la nostra Era artistica, ma con destini che mai si incrociarono.

I **Beatles** sono stati un gruppo rock britannico, originario di Liverpool e presente dal 60' al 70'.

I 4 protagonisti John Lennon, Paul McCartney, George Harrison e Ringo Starr hanno segnato in maniera esemplare un'intera epoca nella musica, nel costume, nella moda e nella pop art.

Correva l'anno 1962, quando ci lascio' il simbolo biondo di Hollywood Marilyn Monroe in circostanze del tutto misteriose e nacque il mito inglese dei **Beatles**..

In realta' i due simboli in questione non ebbero il piacere di conoscersi personalmente .

Il 5 ottobre del 62' venne pubblicato il primissimo 45 giri dei **Beatles** "Love me do" e nella primavera dell'anno successivo usci' il loro attesissimo lp "Please Please me"..

Da allora in poi li vedemmo volare molto in alto.

Infatti i **Beatles** saltarono in vetta alle classifiche e si affermarono non soltanto per la loro musica semplice e travolgente, ma anche per il loro modo di indossare certi abiti e di portare i capelli, imponendo in qualche modo la loro maniera di essere giovani..

Da quei momenti in poi azzeccarono i brani giusti per sfondare nell'universo musicale e sociale.

Divennero ben presto il piu' grande evento della musica giovanile di tutti i tempi.

E cosi' venne alla luce la **Beatlesmania**, da cui furono contagiati milioni e milioni di individui, fino ai giorni nostri, e lo sara'per altri secoli ancora.

Eppure anch'io ho visto i **Beatles** volare...

La creazione e l'innovazione si possono definire dei mezzi concreti di comunicazione che permettono di svelare i misteri che ci sfuggono e di comprendere meglio il mondo.

*L'Arte dei **Beatles** e' da considerarsi come un ponte tra gli uomini ed un ottimo metodo per cogliere il volto nascosto dell'universo.*

Inoltre questa forma di espressione ci permette di dare forma ad una certa idea di felicità e di porci spesso nell'armonia e nella pace .

Nasce quel bisogno smisurato di sapere e di conoscere per capire meglio tutto cio' che ci circonda.

♫ *Respirare l'Arte dei* **Beatles** *vuol dire semplicemente coglierne il significato, cercando di metterlo in pratica nel migliore dei modi.*

Chi ha un' indole ed una sensibilità sempre briosa, attraversa l'infanzia scontrandosi con le cose.

Queste ferite non del tutto visibili dagli altri, si vivono come degli ostacoli, avendo soltanto la voglia di vivere la pace e mettersi in cammino verso un mondo vivace ed invitante.

Anche se durante la luminosa infanzia e l'intrigante adolescenza si finge di essere obbedienti e di adeguarsi alle regole, il fuoco cova sempre nel prezioso intimo.

Ci si prepara per la grande cavalcata, che poi arrivera' strada facendo.

Infatti si esce dall'adolescenza con un sentimento di giustizia da riparare, per ricercare finalmente l'armonia perduta.

Le inquietudini infantili diventano avventura e passione per poter attraversare l'esistenza come un Don Chisciotte, a colpi di audacia.

I vari progetti e le iniziative sono sempre il risultato della stessa inquietudine, e si portano a termine con grande efficacia.

Nei giorni in cui si riesce a trovare finalmente la strada, ci si lancia alla seduzione del mondo, con l'occhio fisso allo scopo, quello di ascoltare nell'arco della nostra esistenza la musica dei mitici **Beatles.**

♫ *Chi scopre continuamente i dettagli, come oggetti d'arte inconsueti, ha la certezza di portare nuove conoscenze, ha il bisogno di offrire la sua vitalita' e di applicarsi alle cause umane.*

L'ambizione si presenta come un altro modo per soddisfare la propria voglia di vivere, mirando alla grande avventura.

Ci si ritrova facilmente nell'altro essere e le emozioni di questo possono diventare le proprie emozioni.

..quelle stesse emozioni che proviamo

ascoltando le note dei mitici **Beatles.**

♪

♫

I BIMBI *volano* SULLE NOTE DEI BEATLES

I bimbi sono creature da amare e da accudire e mai da dover esibire o usare come dei raffinati oggetti.

In ogni caso la vittoria piu'vera sara' sempre quella di non deluderli mai nell'arco della loro delicata crescita e della loro intera esistenza.

I bimbi...

I bimbi che piangono ci fanno rattristare il cuore e devono essere messi nelle condizioni ottimali di vivere in un terreno sereno dove poter sorridere sempre.

I bimbi, per il semplice e fantastico fatto di essere tali, hanno quel lampante diritto di essere seguiti nella maniera piu' esemplare per tutti, volando sulle note dei mitici **Beatles.**

♪
♫

*Eppure ho visto i **Beatles** volare....*

♫ *GOCCE D'AMORE E DI AMICIZIA*

Approvando le osservazioni degli amici, la nostra franchezza ci fa prediligere le critiche agli elogi.

A volte si concepisce l'amore come esaltazione interiore, dote autentica di grandezza che noi manifestiamo nel quotidiano con esternazioni di affetto.

Altre volte l'amore diventa meravigliosa avventura nella quale ci lanciamo senza pensarci, alla ricerca di conquiste sempre piu' intriganti.

♪ *DALL'AVVENTURA ALLA CAPACITA'DI COMUNICARE..*

Si e' sempre attuali quando si crea e si cerca di portare la propria efficienza e la gioia di vivere.

Lanciandoci in nuove imprese cerchiamo spesso la strada che permette le grandi scoperte.

L'avventura ci consente di incontrare il nostro simile e di afferrarne la sensibilita' umana..

Si può vivere la voglia di esplorare anche senza dover lasciare l'ufficio o la propria stanza..

La nostra accoglienza deve essere talmente eloquente da trasformare la casa in un luogo caloroso fatto di generosi incontri con gli amici.

Chi non ama i conflitti può fare di tutto per facilitare la comunicazione.

Naturalmente il nostro amore sensibile per l'umanita' di cui comprendiamo i problemi ci aiuta a superare gli ostacoli piu' tediosi.

Con la nostra sincerita' possiamo fornire spesso una risposta aperta e piena di luce..

Chi rifiuta sempre la cattiveria e la mentalita' limitata riesce ad avvertire la sofferenza di chi le pone in essere.

..naturalmente sulle note dei mitici **Beatles.**

SECONDO CAPITOLO

TODAY :TRACCE DI ME TRA I GRANDI SIMBOLI

La mia libertà finisce dove comincia la

vostra.

(Martin Luther King)♪

♫

Chi ama la liberta'prova ribrezzo verso le discipline imposte dagli altri, soltanto per il loro gusto di potere.

Per molti l'uomo nasce libero, ripudiando l'ipocrisia e la pressione di coloro che governano.

*La vera liberta' e' nel vivere se stessi sulle note dei **Beatles,** senza vergogna, mostrando difetti, pregi e soprattutto carattere.*

♫ L'ILLUSTRE POTERE DELLA MUSICA DEI BEATLES

Una ragazza dagli eccelsi lineamenti ascolta la Musica dei **Beatles** e chiudendo i suoi delicati occhi non sente altro che un suono magico e soave.Si tuffa in quelle sublimi note per cercare la serenità che si era dileguata tra le varie difficolta' quotidiane.Si perde nell'incantesimo delle sonorità ritrovate dopo tanta ricerca interiore.Finalmente riesce ad abbracciare la vera Forza della sua anima per dimenticare il superfluo *che le sta intorno e vince...*

*..vince sulla noia e sulla tristezza
invasiva che riteneva decisamente
minacciose..*

*Questo è il potere che può possedere
soltanto la musica dei **Beatles**, il potere
di far ritrovare quella serenita'
perduta.*

♫

♫

♫♪

♫♫

LA TERRA , LE MIE RADICI

La mia terra!? l'ho amata a modo mio.

Come tutte le cose a cui tieni tanto, ho provato anch'io dei periodi intensi di noia e di distanza.

Tante persone hanno sentito e percepito quelle stesse emozioni di amore/odio verso qualcosa a cui daresti la vita, ma non hanno il coraggio di ammetterlo...io sì.

Tutto sommato il luogo in cui sono nato si trova e si troverà sempre in un

angoletto importante del mio cuore,
anche se risulto spesso assente.

Ma cosa ne puo' sapere certa gente di
quanto abbia amato la mia Terra!?,

e di quanto mi possa mancare!?...

A volte senti il suo invitante richiamo,
e tutto cio' vuol dire semplicemente
che la amo.

ma cosa ne puo' sapere certa gente!?

Ero piccolo quando la vivevo fino in
fondo, ma in ogni caso ero presente
tra le onde del mio mare sempre
splendente.

Mi piacerebbe tanto che fossimo una gran bella famiglia, anche se dispersa e radicata per le varie zone d'Italia e di altrove, una fantastica famiglia che si unisce nel bene e nel male, nelle vittorie e nelle sconfitte, nella gioia e nel dolore, un bel gruppo solido e solidale, una grande giostra di avventure e di esperienze vissute intensamente da persone speciali come noi, noi che apparteniamo alla nostra fantastica terra e che siamo legati alla favolosa Era dei **Beatles..**♪
♫
♪

*Eppure ho visto i **Beatles** volare…*

♪

*Fortunatamente nei **Beatles** ho sempre scrutato ed esaltato la loro parte positiva e tutti i loro gradevoli pregi, altrimenti avrei continuato ad odiare l'intera umanità.*

Anche se l'essere animale risulta decisamente superiore, si consiglia sempre di apprezzare le persone per quelle che sono nella loro positività e di non denigrarle per ciò che non sono.

Ogni volta che appoggio la testa sul cuscino riesco ad esternare, tra i diversi pensieri , qualcosa che sembrerebbe banale, ma è più profondo di quanto un essere umano possa pensare:"Francesco ti voglio bene".Alcune volte mi domando il perchè, eppure non ci vuole tanto per rispondermi con grande fervore.

Infatti apro gli occhi per un attimo e mi dico:" mi stimo tanto per tutto cio' che ho saputo conquistare ed amare al punto tale da non occuparmi di quello che si potrebbe presentare negativo e cupo nella vita di ogni attimo.

Per chi ha la coscienza pulita e sana come la mia, non ha nulla da temere, e per questo intrigante ed esaltante motivo continuo a volermi bene, volando felice sulle note dei **Beatles.**♪

Eppure ho visto i **Beatles** *volare….*

Tutti ti amano quando sei due metri sotto terra..

-- John Lennon

Il tempo che ti piace buttare,non e' mai buttato...

-- John Lennon

La vita e' qualcosa che succede mentre uno e'

occupato a fare altra cose

-- John Lennon

Imagine there's no countries♪

It isn't hard to do

Nothing to kill or die for

And no religion too♪

Imagine all the people

Living life in peace...

-- John Lennon

♪ ♫ *LE STAGIONI DEI BEATLES…..*

Ogni stagione dei **Beatles** *dona a noi i colori piu' svariatI, a tratti sbiaditi, a volte accesi, ma pur sempre nobili e sublimi al punto tale da essere considerati utili al nostro umore non sempre gentile.*

I variegati colori possiedono sempre quel loro fascino e quella loro personale bellezza, sono invitanti per chi li osserva e li scruta con amore e stupore, si presentano essenziali e veri alle anime piu' pure e pensanti.

*In ogni caso e' la forza della natura
che merita i suoi migliori applausi.*

La favolosa natura dei **Beatles**...♪
♫

Eppure ho visto i **Beatles** *volare…*

♪ ♫ *ESISTE QUALCOSA DI MAGICO NELL'ARIA*

L'Arte dei **Beatles** è da scrutare anche e soprattutto nella nostra cara natura, il resto è tutto da verificare.

Credente!?non mi sono mai posto il problema, ma penso che ci sia qualcosa di molto grande,inspiegabile, indefinibile.

Ammetto di non riuscire a dare delle spiegazioni logiche a certi eventi che si verificano in maniera inconsueta, insolita, incredibile e del tutto magica.♪

♪ ♫ *CIAO SIGNORA CITTA'*

Roma, sei venuta, sei smarrita.
Anche se un po' agguerrita, non lasci
alcuna ferita .
quante cose avrei voluto domandarti e
quante fiabe avrei voluto raccontarti!
Roma, sei una una storia che non
muore mai, e questo tu lo sai.
Una mamma molto cara e tanto bella,
non esiste una tua gemella.
Sei contenta di ascoltarmi?
qualche volta vorrei staccarmi, nei
momenti critici e stressanti, ma
stranamente mi sconvolgi e mi avvolgi
con i tuoi salutari sfoggi.

Riesci a creare un'atmosfera
interessante e promettente, sei nel mio
cuore da sempre.

sono felice di vederti e viverti fino in
fondo afferrando il tuo migliore sfondo.
sei dura e snervante, ma doni tanta
forza e tenacia con tanta efficacia..
Io camminerò sulle tue grandi strade
un po' maledette, ma pur sempre
uniche e perfette.
sono famose le mie pose davanti alle tue
bellezze sempre festose.
Sono sempre allegro, perchè esisti e
persisti nei miei pensieri come ieri.
Sono molte le ragioni per adorarti e
vorrei spogliarti.
Ciao signora Cittò, mi aiuterai
sicuramente nelle difficoltà.
io certo te continuamente, ti amo
immensamente insieme alla
tua gente che non ti tradirà mai.....

*Quella stessa gente che ha seguito ed amato la fantastica Era dei **Beatles**.*

*Eppure ho visto i **beatles** volare*

♫ I **Beatles** dovrebbero meritare il premio speciale della bonta'd'animo, trasmettono con la loro essenza e con il loro canto quella sana vena di Libertà che il mondo intero sogna da sempre, emettono con il loro dolce e gentile suono quella gioia di vivere che tanti vorrebbero possedere, la loro deliziosa ed amabile presenza musicale riesce ad allietare le nostre tiepide giornate e a rendere magico tutto ciò che si può presentare nei nostri percorsi di vita dura ed intensa.

Che grande spettacolo ci puo' donare

*la natura dei **Beatles**!?*

Questo puo' essere considerato un

grande esempio della magia che riesce

a regalarci con la sua indomabile volontà.

Madre Terra e' talmente altruista e genuina che riesce ad allattare piante ed alberi a vita, sulle note dei **Beatles**♪
♫♪
♫

Si puo' dimenticare il male che abbiamo incassato in passato, se riusciremo a ricordare spesso il bene immenso ricevuto in tutti questi interessanti percorsi di vita intensa, allora sì che cercheremo di avviare la via del perdono verso la cattiveria e l'ipocrisia.Tutto sommato non dovremmo fare tanti sforzi per intraprendere questa piccola e delicata impresa.Pochi sono stati gli individui che ci sono stati ostili, e molti di loro sono finalmente cambiati.

In ogni caso non riusciremo mai a provare quel maledetto sentimento di odio che reputiamo distruttivo e logorante, anche perchè ci riteniamo fortunati nel mantenerci sani e tranquilli, soprattutto all'interno dell'anima dei **Beatles**.

Cercheremo sempre di trovare in ognuno di noi la nostra parte positiva, altrimenti non avrebbe alcun senso conquistare quegli attimi di serenità meritati e voluti profondamente.

Visto che l'odio non porta assolutamente da nessuna parte, dovremmo rivalutare quegli stessi individui che hanno cercato di farci del male, ringraziandoli per averci rafforzato e forgiato.

Senza di loro non saremmo divenuti mai cosi' forti, tenaci, combattivi e grandi seguaci dei **Beatles.**♪

♫ *I BEATLES VIVONO DENTRO DI NOI*

Vivono con noi, vivono, tacciono dentro di noi, ma vivono e se vivono sono di noi.

*Se muoiono sono di noi, e parlano di noi, e cresce l'abitudine ai **Beatles,** che in fondo vogliamo che viva, e vivono con noi, vivono, e si aprono dentro noi, poi vivono, e aspettano il tempo migliore per crescere ancora, finiscono con il nostro giorno, e ricominciano quando tu non puoi mandarli via.*

Non possono morire, li facciamo morire e vivono.

I **Beatles** *sono sempre vivi dentro di noi, con le loro note migliori.*
♫

TERZO CAPITOLO

LET IT BE..

LE CILIEGIE DELLA NOSTRA VITA

♪♫ *Le emozioni che viviamo, i pensieri e le parole che pronunciamo e scriviamo quotidianamente nel grande giardino della nostra vita non sono altro che deliziose ciliegine che gustiamo con piacere, una dopo l'altra, sulle note dei mitici* **Beatles.** ♫

♪

♫

Chi non sa osare non si puo' sposare

con qualcosa di profondamente

intrigante e unica che è l'arte dei

Beatles.

♫

♪

♫

Aver bruciato alcune tappe della propria esistenza è servito per crescere, per vivere e per agire meglio, per gustare i propri successi e quelli dei **Beatles***, per affrontare diversi ostacoli nella maniera più giusta e gratificante e soprattutto per non bruciarsi.*

♪

♫

Colto e' l'essere umano che non cerca

in maniera smisurata il sapere nei vari

testi, ma colui che riesce a cogliere

con grande stile l'essenza pura

dell'arte dei **Beatles** *nella sua pienezza*

♪ *IL FUTURO!?....NON LO TEMO AFFATTO*

Se fossi un veggente o un mago non sarei assolutamente felice, anche perchè la curiosità che regna ed abita nella mia essenza vitale è disarmante al punto tale da non temere il futuro, anzi questo grande interesse che vige dentro di me è sempre pronto ad accoglierlo, ad abbracciarlo e a gustarlo a piene mani come ho sempre fatto per il mio fantastico passato **beatlesiano**...♪

♫

♪

♫ *La Poesia dei* **Beatles** *si può definire discutibile soltanto se i suoi versi non hanno la forza di parlarti o di non trasferirti assolutamente nulla.*♪

♫

♪ ♫ *L'AVVENTO DI FACEBOOK*

Ormai è decisamente tardi per ritornare nei passi e nei vari tragitti salutari, pratici e tangibili che avevamo scelto di percorrere.

Noi tutti ci saziamo di Facebook, come le mosche si cibano delle migliori schifezze, ma a noi piacciono queste cose, ci hanno sempre attratto ed affascinato.

Questa macchina infernale ci appare molto accattivante e piacevole, tutta l'umanità non può farne a meno perchè non saprebbe fare altro se non distruggere tutto ciò che risulta sano e concreto, almeno quel poco che ci era rimasto.

E' sempre interessante navigare su Internet, ma risulta più intrigante navigare su meravigliosi oceani di avventura e divertimento sulle note dei mitici **Beatles.**♪
♫.

*Eppure ho visto i **Beatles** volare….*

Cosa vuol dire una lacrima!?

semplicemente una delicata goccia di gioia o di dolore che accarezza l'anima dei **Beatles** *attraverso le vie ed i sentieri del nostro volto.*♪
♫

♪ ♫ *E' sempre più intrigante guidare una bella moto che ci trasmette quella sensazione unica di libertà che un carro di maschere disumane che ci da un senso di pietà.*

È più interessante seguire un gruppo musicale vivace e grintoso come quello dei **Beatles** *che un partito politico inutile e tedioso…*

E' consigliabile guidare se stessi nel modo più salutare possibile che farsi dirigere da altri individui nel modo più ingrato ed impuro.

E' meglio esserci sempre e con sincera vitalità che apparire nella maniera piu cupa ed ambigua,

*noi che siamo legati alla fantastica Era
dei **Beatles**.*♪
♫

*Eppure ho visto i **Beatles** volare….*

♪

♬ *Sarebbe inutile piangere sul latte versato, anche perchè risulterebbe scaduto ormai da diverso tempo, assangiandone qualche sorso potrebbe presentarsi indigesto e non gradito alla nostra cara salute e a quella dei* **Beatles...**♪

♬

*Eppure ho visto i **Beatles** volare....*

♪

♫ *Non ci possono chiedere sempre di rispettare le persone anziane, se le stesse non hanno alcuna attenzione o rispetto nei confronti del giovane che ha bisogno di sostegno e che segue con grande passione la musica dei* **Beatles.**♪

♫*A volte il cinismo e l' invidia dell'anziano prevaricano purtroppo sulla sua intenzione di esserci e di dimostrarsi saggio e rassicurante.*

♪
♫

La noia uccide ..

chi la conosce la evita, riuscendo a

salvarsi nella maniera più gratificante

possibile, eliminandola..

chi non l'ha ancora gustata riuscirà a

non farsi contaminare, ascoltando la

musica dei **Beatles.**♪

♫

♪ *Per chi desidera intraprendere qualsiasi attività o realizzare un sogno, alla base di tutto dovrebbero sussistere una dinamica vena creativa e diverse capacità accompagnate da forti dosi di fortuna, ma questa signora Fortuna dove si è potuta nascondere per non farsi trovare spesso!?*♪

♫*Sarà andata ad abbracciare la favolosa musica dei **Beatles**!?*

♪
♫

*Stimarsi vuol dire amarsi, ma amarsi
vuol dire anche arricchirsi
mentalmente e spiritualmente
apprezzando nello stesso tempo anima
e cuore dei* **Beatles**.♪
♫

♪
♫

Il sorriso dei **Beatles** *dona sollievo e
rende felice il cuore, arricchendo la
mente di chi lo riceve e di chi lo
regala....*

♪
♫

Cogliere il sapore e l'odore della vita dei **Beatles** *ti permette di trovare la giusta via in sterminati e puliti sentieri.*

♪

♫

Lottusità di certa gente smetterà di preoccuparci se risponderemo con ll nostro invitante sorriso e con quello dei **Beatles.***Mentre la prima non porterà mai a grandi cose, il nostro sorriso e quello dei* **Beatles** *voleranno verso nuove ed allettanti conquiste..*

♪

♫

Ognuno di noi pensa e spera vivamente di essere al centro del Mondo, ma non riesce a capire quanto l'Universo dei **Beatles** *sia al centro dei nostri pensieri..*

♪

♫

*Abbiamo bisogno di stupirci per colmare un vuoto, ma lo stupore per i mitici **Beatles** non sarà mai abbastanza per poterci sinceramente riempire.*

♪♬ *Quando ci si sente svuotati basterebbe riempirsi di energia positiva, nutrendosi di rari pezzi dei* **Beatles** *e sorseggiando gocce di musica Rock, sperando che questa Signora vita ci possa sorprendere in tutte le sue sfumature ed in tutti i suoi meravigliosi colori.*

♪

♫ *L'arte dei* **Beatles** *è la madre di tutto il pianeta terrestre, ma è la figlia del sistema celeste..♪*
♫♪
♫

♪

♫ *La musica dei* **Beatles** *vince sempre e comunque perchè riesce ad allietare le nostre tiepide giornate e non si fa mai battere dalle altre forme d'arte perchè esiste e persiste nei nostri fantastici attimi di vita.♪*
♫

QUARTO CAPITOLO

COME TOGETHER.. EMOZIONI DA VIVERE

♪ ♫ *Non provare a spiegare le emozioni trasmesse dai **Beatles** e nemmeno a capirle, l'unica cosa che puoi fare e' viverle.*

Brindiamo alla nostra esistenza.

Un sincero e sentito cin cin a noi che ci meritiamo di esserci sempre in questo fantastico mondo di Artisti o Simboli.

Osservando la nostra Marilyn mi si arricchisce il cuore e l'anima..

..mi sorride tutto..

..anche le persone inutili e stolte
appaiono per qualche istante innocue
e addirittura essenziali.

..mi sorride tutto...

Gli attimi di felicità sono indefinibili e durano veramente qualche istante.

La vera e profonda Felicità raggiunta con la moderata umiltà sarà sicuramente la migliore.

*Il problema che si potrebbe presentare nel ricercarla è molto delicato e profondo; basterebbe scrutare al fondo dell'anima dei **Beatles**, ma non è assolutamente semplice e ci vorrebbe ben altro per arrivarci.*

Ci sono persone che si accontentano delle semplici briciole per sentirsi

veramente felici e non pretendono
altro che un caloroso abbraccio dalle
persone care, e si presentano del tutto
apprezzabili per loro luminosa umiltà.

Ce ne sono altre che vorrebbero
conquistare tutto cio' che il mondo
non puo' offrire, anche l'impossibile,
per sentirsi piu' forti e potenti,
apparendo affamati di un potere
sporco ed infame, e non sono
assolutamente da seguire e da
elogiare.

Ci sono delle volte in cui basta poco
per essere felici ed esistono altre

situazioni in cui delle vicende straordinarie ti rendono veramente triste.

Negli attimi in cui siamo stati veramente felici c'era sempre lei..

..la magica Musica dei Beatles.♪

♪ *Nell'album "Mina canta i* **Beatles**",
*l'artista «canta come canterebbe dal
vivo in un club, morbida e sciolta,
senza calarsi troppo nel suo ruolo di
grande interprete, senza esagerare né
voler dimostrare per forza che è la più
brava [...] entrando [così] nello spirito
delle canzoni con naturalezza, una
naturalezza che, unita alle sue doti ♪
♫canore, compie il miracolo di
riportarla sulla terra»*
(cit..).

CHIEDI CHI ERANO I BEATLES

Chiedilo a una ragazza di quindici

anni di età

chiedi chi erano i **Beatles**

e lei ti risponderà

la ragazza bellina

col suo naso garbato,

gli occhiali e con la vocina

chi erano mai questi **Beatles**

lei ti risponderà!

(Norriso, Gaetano Curreri)

MINA CANTA I BEATLES
SOMETHING
LET IT BE
THE FOOL ON THE HILL
WHEN I'M 64
THE LONG AND WINDING ROAD
YESTERDAY
MICHELLE
HEY JUDE
SHE'S LEAVING HOME
MY LOVE
OH, DARLING

♪ ♫ Cosi' recitano alcuni versi di un famoso brano degli Stadio"Chiedi chi erano i **Beatles**"..

 Leggendo o canticchiando questo storico pezzo scritto e curato dal Leader degli Stadio Gaetano Curreri, si puo' comprendere che si tratta di un vero e proprio manifesto della storia dei **Beatles,** ricordati ed amati da intere generazioni di Fenomeni .

Abbiamo visto tutti i **Beatles** volare…

(F.Primerano)♪

♫♪
♫

Beatles♪

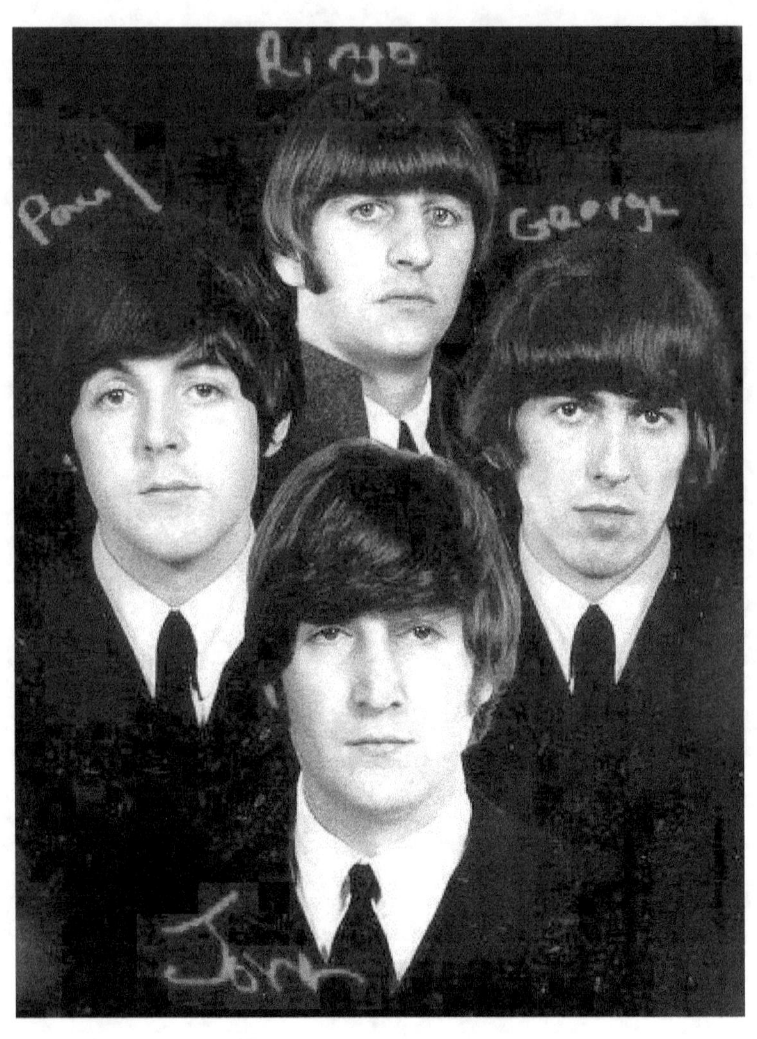

Ringo
Paul
George
John

♪

♫   Un libro sui **Beatles** dai colori piu'svariati , dalle forme e dai contenuti piu' invitanti, si apre, si legge, si scruta, si ama e poi si chiude con la speranza e il desiderio di rileggerlo nuovamente con la stessa passione che si era presentata inizialmente.♪ ♪

(F.Primerano)

www.ingramcontent.com/pod-product-compliance
Lightning Source LLC
LaVergne TN
LVHW010649200726

843507LV00011B/1791